Systemische Fragetechniken für mehr Erfolg im Beruf

Wie Sie die Kunst des Fragenstellens Schritt für Schritt erlernen und als Coach oder Führungskraft erfolgreich anwenden - inkl. Praxisbeispiele

Maximilian Seeberg

INHALT

Das erwartet Sie in diesem Buch

Im Berufsleben steht man immer wieder vor Situationen, die Herausforderungen darstellen oder die sich gar zu ernsthaften Problemen entwickeln. Oft hält man sich im Team dabei mit langwierigen Diskussionen auf, die am Ende dann doch keine wirklich zufriedenstellende Lösung hervorbringen. Um Schwierigkeiten effizient bearbeiten zu können, ist daher die Beherrschung einer entsprechenden Gesprächsführung von großer Bedeutung. Besonders viel können Sie hier mit der passenden Fragetechnik erreichen.

Die systemischen Fragen sind eine solche Frage-technik. Sie bieten die Möglichkeit der Informations-gewinnung. Im Vordergrund dieser Fragen steht je-doch der Perspektivwechsel – die Änderung der eige-nen Sichtweise, das Hinterfragen eigener Denk- und Handlungsmuster sowie das Hineinversetzen in an-dere beteiligte Personen. All diese Dinge ermöglichen es Ihnen, neue Ideen, kreative Lösungsansätze und vielfältige Möglichkeiten zur Problembewältigung zu entdecken. Die Fragen können in verschiedenen beruf-lichen Bereichen zum Einsatz kommen. Zum Beispiel im Vorstellungsgespräch, bei der Lösung von Kunden-problemen oder bei Unstimmigkeiten im Team.

In diesem Buch erfahren Sie, wann und wie Sie welche Fragen einsetzen können und welche Vorteile die einzelnen Fragen mitbringen. Die Anwendung er-fordert dann allerdings etwas Übung. Um Sie darauf vorzubereiten, helfen Ihnen Tipps und Beispiele aus der Praxis, die im weiteren Verlauf vorgestellt werden. Um den Sinn der Fragen auch in der Tiefe zu verstehen, lernen Sie zunächst etwas über die theoretischen Hin-tergründe der Fragen sowie der Kommunikation zwi-schen Menschen im Allgemeinen.

Was bedeutet „systemisches Fragen"?

Systemische Fragen sind ein Oberbegriff für eine spezielle Form von Fragen, die schon länger in therapeutischen Settings oder im Coachingbereich eingesetzt werden. Aufgrund ihrer Wirkung gewinnen sie jedoch auch immer mehr Bedeutung im alltäglichen Leben und im Beruf. Gute Kommunikation ist mittlerweile ein wesentlicher Bestandteil von erfolgreichen Organisationen und Unternehmen. Aber was bedeutet hier genau „gut"? Es bedeutet, dass

Kommunikation nachhaltig und zielführend ist. So zeigen diverse Forschungsergebnisse, dass der größte Teil aller Fehlentscheidungen auf nicht vorhandene bzw. auf Fehlinformationen, auf einer unzureichenden Verarbeitung von Informationen oder auf Missverständnisse innerhalb der Kommunikation zurückzuführen ist[1]. Um dem entgegenzuwirken, erfordert es ein geeignetes Tool an Methoden. Ein solches Tool sind systemische Fragen. Sie können die Komplexität von Prozessen besser erfassen. Gleichzeitig führen sie die Ansichten und Menschen, die für den Prozess der Lösungsfindung wichtig sind, zusammen. So kann dann gemeinsam eine Antwort gefunden werden.

Führungskräfte müssen und können heutzutage nicht mehr den Überblick über jeden Mitarbeiter der Abteilung behalten, alles wissen und alles selbst entscheiden. Viel wichtiger ist – und das sollten sie stattdessen – die Fähigkeiten erwerben, die richtigen Fragen zu stellen, ihren Gesprächspartner zuzuhören und Reflexionsprozesse auszulösen. So können sie ihre Mitarbeiter dazu anregen, neue Sichtweisen zu entwickeln und Probleme aus einem anderen Blickwinkel zu

---

[1] vgl. Scholer, S. (2017): Führung im öffentlichen Dienst. Kissing: WEKA Media

betrachten. Hilfreich ist dies zum Beispiel in Meetings oder bei Beschwerden eines Kunden – allgemein in Situationen, die sich lange hinziehen und für die es dennoch scheinbar keine Lösung gibt. Hier sind einige Beispiele, bei denen systemische Fragen hilfreich sein können:

- Ein Kunde bereitet Probleme und die Zusammenarbeit ist gefährdet.
- Der Neukundengewinn gestaltet sich schwieriger als gedacht.
- Es sollen möglichst viele Informationen über einen Bewerber gesammelt werden.
- Die Konkurrenz ist stark gewachsen.
- Im Kollegium gibt es zwischenmenschliche Probleme.

Diese Aufzählung ließe sich beliebig fortführen und soll Ihnen als kleiner Anreiz dienen. Kommen Ihnen ähnliche Situationen in den Kopf, die Ihnen, den Kollegen oder dem Unternehmen momentan Probleme bereiten?

Ohne die Fragen, die bald vorgestellt werden, wäre es schwierig und zeitaufwendig, ausreichend Informationen und zufriedenstellende Lösungen bzw.

zumindest Ansätze dafür zu finden, die alle Beteiligten zufriedenstellen. Die Fragen helfen, die Perspektive zu ändern, mal anders und vor allem mal neu zu denken. Der Anfang kann, wie bei allem, was wir neu beginnen, nicht ganz einfach sein und sich ungewohnt anfühlen. Es ist eine Technik, die etwas Übung braucht, um nicht in alte Muster zurückzufallen. Am Ende beinhaltet sie dafür aber viel Potenzial. Es ist empfehlenswert, sich den Fragen sowie ihrer Anwendung schrittweise zu nähern und zunächst die Fragen auszuwählen, die leichter zu benutzen sind. Dies sind zum Beispiel die zirkulären und lösungsorientierten Fragen. Auch skalierende Fragen können ohne Probleme eingesetzt werden. Zudem bieten diese Fragen einen guten Gesprächseinstieg. Wunderfragen und paradoxe Fragen können sowohl Sie als auch Ihr Gegenüber – wie der Name sagt – etwas verwundert zurücklassen, wenn deren Anwendung nicht geübt ist. Doch wenn Sie diese beherrschen, können sich viele ungeahnte Möglichkeiten daraus ergeben. In jedem Fall ergibt es Sinn, sich mit den Fragen erst einmal im privaten Umfeld auszuprobieren, bis Sie sich mit ihnen sicherer fühlen. Der Umgang wird dann sowohl mit Kunden und Mitarbeitern als auch mit Problemen und Herausforderungen effizient gestaltbar.

Grundsätzlich bedarf es dafür einer Veränderung der eigenen Kommunikation, denn wir können keine Veränderung erwarten, ohne auch uns selbst zu ändern. Gehen Sie daher den ersten Schritt! Ihre Mitmenschen werden es Ihnen danken. Als Anreiz werden Ihnen noch einige mögliche Vorteile der systemischen Fragen aufgezeigt:

- Verfahrende Muster in Kommunikation und Verhalten werden aufgebrochen.
- Kreative Lösungsansätze kommen zum Vorschein.
- Vorhandene Ressourcen und Potenziale werden entdeckt und genutzt.
- Gespräche drehen sich weniger im Kreis und sind dadurch weniger zeit- und energieraubend.
- Das Zugehörigkeitsgefühl zum Unternehmen wird gestärkt, da die Gruppendynamik entfacht wird, alle Beteiligten Teil des Ganzen sind und gemeinsam nach Lösungen gesucht wird.

Auch diese Liste ist natürlich nicht abschließend. Sie bietet jedoch einen guten Einblick in das, was möglich ist. Um die systemischen Fragen und die damit verbundene Kommunikation sowie eine Vorstellung vom „System Mensch" mit seiner Art zu denken und zu handeln zu erhalten, erfolgt nun ein Einblick in den theoretischen Hintergrund.

DEN HINTERGRUND SYSTEMATISCHER FRAGEN VERSTEHEN

Um die Grundgedanken systemischen Denkens und damit systemischer Fragen nachvollziehen zu können, ist es zunächst notwendig, einige Begriffe der dahinterstehenden Theorien darzulegen. Das Fundament bilden dabei das Konzept der Autopoiese, der Konstruktivismus und die Kybernetik 2. Ordnung. Vielleicht haben Sie von dem einen oder anderen Begriff schon einmal etwas gehört? Zugegeben, sie klingen abstrakt. Allerdings verbergen sich hier eindrückliche Erklärungen, die für das Verstehen des tieferen Sinns der systemischen Fragen unerlässlich sind.

Das Wort „Autopoiese" stammt aus dem Griechischen und wurde zunächst in dem Bereich der Biologie genutzt. Dieses Konzept charakterisiert lebende Systeme zum einen als Prozess, zum anderen als Fähigkeit, sich stetig und allein aus sich selbst heraus erhalten bzw. erneuern zu können. Autopoiese kann demnach mit „Selbst-Erhalten" übersetzt werden. Ein Beispiel dafür sind unsere Zellen, die sich und ihre Bestandteile fortlaufend reproduzieren. Darüber hinaus ist ein autopoietisches System gegenüber seiner Umwelt autonom, sprich selbstständig, aber nicht unabhängig. Zum einen bedeutet das, dass es selbst entscheidet, wie es mit seiner Umwelt interagieren möchte. Auf diese Weise kann es sich vom Außen unterscheiden und seine Identität bilden. Diese Vorgehensweise nennt man organisationale Geschlossenheit. Mit Blick auf die Zelle organisiert und strukturiert sie sich also selbstständig, jedoch kann sie nicht gänzlich unabhängig von ihrer Umwelt sein. Sie nimmt dabei die Dinge aus ihrer Umgebung auf, die sie zum Überleben benötigt. Ein Beispiel hierfür ist die Aufnahme von Energie in Form von Nahrung. Dieses Prinzip wird daher als „energetische Offenheit" bezeichnet. Um dieses auch auf das System „Mensch" zu übertragen, blicken wir zunächst noch auf weitere Modelle. Zunächst auf den Konstruktivismus.

Der Konstruktivismus ist eine Theorie, bei der es um die Klärung der Frage geht, ob ein Mensch die Welt so erkennen kann, wie sie „wirklich" ist. Der

Grundgedanke dieser Theorie geht davon aus, dass jeder Mensch seine eigene individuelle Wirklichkeit erschafft – sprich konstruiert. Daher der Name Konstruktivismus. Über die Sinnesorgane beobachtet ein Mensch zunächst seine Umgebung und nimmt sie wahr. Er hört zum Beispiel einen Gesprächsfetzen und sieht die Reaktionen der Beteiligten. Diese Reize werden an das Gehirn weitergeleitet und dort interpretiert, sodass ein Bild davon geformt werden kann. Obwohl er die Situation nur einige Sekunden beobachtet hat, meint er zu wissen, was hier richtig und falsch ist, wie sich die Menschen fühlen, was sie denken etc., und bewertet so die Situation.

Diese Interpretation wird jedoch von Einstellungen, Wissen und Erfahrungen des Menschen beeinflusst, die er bereits in sich trägt. Es entsteht damit ein subjektives Bild der objektiven Realität. Die objektive Realität ist in diesem Fall der wirkliche Ablauf des Gesprächs. Allerdings kann auch hier niemand sagen, wie dieses wirklich verlaufen ist. Jeder nimmt das wahr, was sich mit seinen bisherigen Erfahrungsmustern deckt. Jeder interpretiert Situationen, Gespräche und Begegnungen anders. Wir können also nie genau wissen, warum Dinge so sind, wie sie sind. Jede Meinung ist immer nur eine Meinung unter vielen. Sie ist keine objektive Tatsache, sondern immer nur eine subjektive Möglichkeit. So reduzieren wir Komplexität, da wir die „ganze Wirklichkeit" gar nicht erfassen können, dafür ist sie zu vielfältig. Mit der Zeit und mit jeder (ähnlichen) Erfahrung entwickeln sich daraus Routinen, Meinungen, Ideen und Konzepte, die den Alltag erleichtern. Auf der einen Seite geben diese Routinen und Konzepte einen Orientierungsrahmen vor und machen den Menschen handlungsfähig, dadurch müssen wir nicht ständig neu darüber nachdenken, wie wir etwas tun. Auf der anderen Seite können so aber auch „blinde Flecken" entstehen. Die meiste Zeit beschäftigten wir uns mit Dingen, die uns wichtig sind, gehen Aufgaben so an, wie wir sie schon immer angegangen sind, weil sich dieser Weg für uns bisher als am besten geeignet erwiesen und uns zum Ziel geführt hat. All diese Dinge geschehen in der Regel unbewusst und laufen automatisch ab. Es sind Routinen und Gewohnheiten, die wir schon immer so machen. Was hat es nun aber mit diesen „blinden Flecken" auf sich?

Medizinisch betrachtet gibt es diese blinden Flecken tatsächlich – es sind Stellen im Gesichtsfeld, an denen das Auge nichts sehen kann. An diesen Stellen ist der Sehnerv mit der Netzhaut verwachsen. Daher befinden sich hier keine Fotorezeptoren. Diese

Rezeptoren nehmen Lichtreize auf und geben diese visuellen Informationen zur Weiterverarbeitung an das Sehsystem. Das Fehlen der Rezeptoren führt zu einer lokalen Blindheit, die allerdings keinen schwarzen Fleck oder Ähnliches in unserem Gesichtsfeld hinterlässt. Wir sehen normal, als ob es den blinden Fleck gar nicht geben würde. Diese dennoch bestehenden lückenhaften Informationen werden von den Bereichen des Gehirns, die für die Bildverarbeitung zuständig sind, „herausgefiltert", sodass die blinden Flecken uns im Alltag nicht weiter auffallen. Die partielle Blindheit wird also nicht wahrgenommen. Weder als etwas, das gegeben ist, noch als etwas, das fehlt. Der Philosoph und Physiker Heinz von Foerster beschreibt es so: „Wir sehen nicht, dass wir nicht sehen." Im Internet gib es einige Seiten, die kurze Animationen anbieten, um diesen blinden Fleck „sehen" zu können. Probieren Sie es gern mal aus. Es ist wirklich spannend!

Diese partielle Blindheit kann als Metapher auch auf andere Bereiche des Lebens übertragen werden. Zum Beispiel in den Bereich der Beobachtung und der Kommunikation. Wie Sie gerade gelernt haben, ist im Sinne des Konstruktivismus jede Beobachtung von den eigenen Erfahrungen abhängig. Jeder gelangt so zu seiner subjektiven Beobachtung, die nicht die vollständige Realität abbildet bzw. sie aufgrund ihrer Komplexität auch gar nicht aufnehmen kann. Eine Beobachtung kann somit nie objektiv sein.

Und hier setzt die Kybernetik 2. Ordnung an. Die allgemeine Kybernetik ist ursprünglich eine wissenschaftliche Forschungsrichtung, die Regelungs- und Steuerungsmechanismen biologischer, technischer oder auch soziologischer Systeme erforscht. Der Fokus liegt dabei auf der Untersuchung und der Frage, was beobachtet wird.

Die Kybernetik 2. Ordnung beschreibt darauf aufbauend die Beobachtung dieser Untersuchung. Hier wird also nicht gefragt, was, sondern wie beobachtet wird. Dabei wird von außen auf die Beobachtung geschaut. Man kann dies auch als Metaebene der Beobachtung bezeichnen. Zweck dieser Metaebene ist es, die zuvor beschriebenen blinden Flecken aufzuspüren und sichtbar zu machen. Das Problem ist weniger, dass wir nicht sehen, viel schwerwiegender ist, dass wir nicht sehen, was wir nicht sehen. Einfacher ausgedrückt: dass wir unser Denken und Handeln nicht reflektieren. Wenn uns nicht bewusst ist, dass wir nur die eigene Realität im Kopf haben, die auf unseren subjektiven Erfahrungen aufbaut und dabei vergessen, dass es auch noch andere Realitäten, Erfahrungen und Meinungen gibt, werden wir unsere Mitmenschen und ihre Beweggründe nie verstehen können. Wenn wir uns stattdessen selbst in unserem Denken und Handeln beobachten und reflektieren, kann es gelingen, sich auch anderer Realitäten bewusst zu werden. Die Kybernetik 2. Ordnung lädt dazu ein, sich auf die Perspektiven der Mitmenschen einzulassen und eröffnet uns dabei deren Wirklichkeiten.

Wie können Sie diese Theorien nun so in Ihren Alltag integrieren, dass sie Ihnen auch praktisch nützen? Überlegen Sie einmal, wie Sie auf direktem Wege etwas über die Welten und Beweggründe Ihrer Mitmenschen erfahren können? Richtig, indem Sie mit ihnen sprechen. Kommunikation ist hier also das Stichwort. Im Folgenden werden Ihnen daher die Kommunikationsmodelle von Watzlawick und Schulz von Thun vorgestellt.

Paul Watzlawick war ein österreichischer Philosoph, Psychotherapeut und Kommunikationswissenschaftler. Sein Modell beinhaltet 5 sogenannte Axiome, also allgemeingültige Regeln. Die erste Grundregel des Modells haben Sie gewiss schon einmal gehört. Sie lautet: Man kann nicht nicht kommunizieren. Das bedeutet, dass Kommunikation in jeder Situation statt-findet. Kommunikation ist nicht nur auf verbaler Ebene möglich, sondern auch nonverbal über das Verhalten und die Körpersprache.

Das zweite Axiom besagt, dass jede Kommunikation einen Inhalts- und einen Beziehungsaspekt hat. Der Inhaltsaspekt meint dabei all die Informationen, die eine Person, also der Sender, einer anderen Person, also dem Empfänger, übermittelt. Wie diese Informationen dann vom Empfänger verstanden werden, ist unter anderem abhängig von der Beziehung zwischen diesen Personen. Gestik, Mimik oder der Tonfall verleihen der Beziehung dabei Ausdruck.

Im dritten Axiom wird beschrieben, dass Kommunikation immer Ursache und Wirkung zugleich ist. Wie und was Partner A kommuniziert, hat demnach eine Auswirkung auf Partner B. Dieser reagiert dann auf das Gesagte, welches wiederum die Grundlage für die Reaktion von A ist. So hat Kommunikation nie einen „echten" Schlusspunkt. Auch wenn ein Gespräch endet, wird, wenn auch unbewusst, mit ähnlichen Emotionen und Gedanken beim nächsten Treffen dort wieder angeknüpft.

Das vierte Axiom sagt, dass menschliche Kommunikation digital und analog ist. Digital meint hierbei das gesprochene Wort, mit dem eine Information klar vermittelt wird. Bei der analogen Kommunikation wird nonverbal kommuniziert. Das Gegenüber hat damit einen Interpretationsspielraum und kann das Gesagte auf unterschiedliche Art und Weise auslegen. Dieses Axiom knüpft also an das erste Axiom an.

Das letzte Axiom bezieht sich auf die Ebene der Kommunikation. Diese kann symmetrisch oder komplementär sein. Symmetrisch ist eine Kommunikation, wenn sich die Gesprächspartner auf Augenhöhe befinden. Während hier Gemeinsamkeiten im Vordergrund stehen, sind es bei der komplementären Kommunikation die Unterschiede. Diese Unterschiede gibt es zum Beispiel in Beziehungen zwischen Eltern und Kind, zwischen Vorgesetzten und Mitarbeitern und zwischen Lehrern und Schülern. Beide Seiten können diese Unterschiede entweder nutzen, um sich gegenseitig zu ergänzen, oder der eine wird vom anderen dominiert und ordnet sich unter, was für beide Seiten allerdings oft keinen Mehrwert bietet. Diese Axiome fassen einige grundsätzliche Erkenntnisse zur zwischenmenschlichen Kommunikation zusammen. Besonders gehen sie auf den Aspekt der Beziehung ein.

Über den Beziehungsaspekt hinaus geht das Vier-Seiten-Modell des Kommunikationspsychologen Friedemann Schulz von Thun. Eine Nachricht übermittelt neben dem Beziehungsaspekt eine sachliche Botschaft, eine Selbstaussage und einen Appell. Schauen wir uns die vier Seiten nun genauer an. Die Sachaussage einer Nachricht ist die inhaltliche Information, die der Sender zum Empfänger schickt. Jede Äußerung sagt dabei gleichzeitig – meist unbewusst – auch etwas über den Sender aus. Gestik, Mimik oder der Tonfall geben dabei Rückschlüsse über seine Emotionen, Werte und Bedürfnisse. So kann der Empfänger spüren, dass in der Nachricht mehr als nur der gesagte Inhalt mitschwingt. Dies spielt gleichzeitig auf die Beziehungsebene an. Sie stellt dar, wie der Empfänger zum Sender steht, wie also ihr Verhältnis zueinander ist. Auch hier spielen die Körperhaltung, der Tonfall, die Formulierung etc. wieder eine wichtige Rolle. Je nachdem, was der Empfänger auf dieser Ebene wahrnimmt, fühlt er sich zum Beispiel respektiert oder bevormundet, wertgeschätzt oder angegriffen. Und hier kann auch der konstruktivistische Gedanke von vorhin seinen Platz finden. Auch unser Weltbild, also wie wir die Welt sehen und was für uns die „Realität" ist, entscheidet mit darüber, wie eine Nachricht bei uns ankommt und wie wir sie interpretieren.

Machen wir weiter mit der vierten Ebene, dem Appell. Mit seiner Aussage möchte der Sender den Empfänger also auch auffordern, etwas zu tun oder zu unterlassen. Der Appell kann offen als zum Beispiel Bitte oder Wunsch formuliert werden oder sich zwischen den Zeilen befinden und somit nicht offensichtlich oder gar manipulativ eingesetzt werden.

Jedes Gespräch beinhaltet diese vier Seiten, sowohl beim Sprechen als auch beim Hören. Die Sachebene ist meist die unkomplizierteste, sofern Sender und Empfänger über vergleichbares Wissen zum jeweiligen Thema verfügen. Zu Missverständnissen kann es dann kommen, wenn eine der Seiten von den Gesprächspartnern unterschiedlich gewichtet wird, ihnen also jeweils eine andere Bedeutung beigemessen wird. Zum Beispiel möchte der Sender mit seiner Aussage in erster Linie zu etwas auffordern, also einen Appell an den Empfänger richten. Da der Empfänger jedoch aufgrund seiner Persönlichkeit, seiner Erfahrungen oder seines bisherigen eher mäßig verlaufenen Tages vor allem mit dem „Beziehungs-Ohr" hört, fühlt er sich angegriffen, obwohl das überhaupt nicht die

Intention des Senders war. Die Gründe, warum ein Mensch auf dem einen Ohr mehr hört und auf einem anderen weniger, sind vielfältig. Diese können in der Sozialisation, der Erziehung, den Erfahrungen oder der Herkunft liegen. Auch das Bild des Empfängers über sich selbst und über den Sender spielen eine große Rolle. Wenn der Empfänger ein niedriges Selbstbewusstsein hat, steht schnell das Beziehungsohr im Vordergrund und er interpretiert harmlose Botschaften als für sich erniedrigend. Auch das Bild, was wir von unserem Gegenüber haben, sei es als freundlicher oder egoistischer Kollege, nimmt Einfluss auf die Auslegung der Äußerungen.

WAS KÖNNEN SIE DARAUS NUN MITNEHMEN?

Um diese theoretischen Konstrukte nun einmal zu bündeln, lassen sie sich wie folgt zusammenfassen: Das **Konzept der Autopoiese** hat uns vermittelt, dass ein System autonom, aber nicht völlig unabhängig von seiner Umwelt agiert. Auch der Mensch kann als ein solches System verstanden werden. Nach diesem Konzept entscheidet daher jeder selbst, mit wem er in Kontakt tritt, was er denkt und wie er handelt. Als soziales

Wesen kann der Mensch jedoch nicht völlig unabhängig von seinem Umfeld sein. Dennoch hat entsprechend dem **konstruktivistischen Gedanken** jeder seine eigene Realität, die von subjektiven Erfahrungen geprägt ist. Die eigene Realität kann daher Situationen nie so abbilden, wie sie wirklich sind. Wir sind oft teilweise oder manchmal sogar ganz blind gegenüber anderen Meinungen und Vorstellungen. Umso wichtiger ist es, dass wir uns dieser partiellen Sichtweise bewusst werden. Im Sinne der **Kybernetik 2. Ordnung** können wir unser Denken und Handeln beobachten, darüber sprechen, es reflektieren und entsprechend ändern. Das zentrale Element ist dabei die Kommunikation. Gemäß der **5 Axiome** zählen zur Kommunikation sowohl die Sprache als auch das Verhalten. Außerdem verläuft Kommunikation stets kreisförmig, hat also nie ein wirkliches Ende und ist Ursache und Wirkung zugleich. Darüber hinaus beschreiben die **vier Seiten der Kommunikation**, dass eine Aussage mehr als nur die reine Information vermittelt. Was und vor allem wie ich es mitteile, zeigt, wie ich zu meinem Gesprächspartner stehe, was ich von ihm möchte und sagt letztlich auch etwas über mich und meine Persönlichkeit aus.

Richten wir unsere Aufmerksamkeit also zunächst auf uns selbst, auf unsere Filter. Warum sagen wir etwas, wie wir es sagen? Warum nehmen wir Gesagtes so auf, wie wir es aufnehmen? Alltägliche Botschaften können von jeder Person unterschiedlich aufgefasst und interpretiert werden. Daher bergen sie viel Potenzial – sowohl für positive und konstruktive Zusammenarbeit als auch für Missverständnisse oder gar Konflikte. Wenn wir beobachten, wie wir beobachten und darüber sprechen, wie wir miteinander sprechen, können wir ein Bewusstsein für diese Aspekte und so auch für unsere Mitmenschen entwickeln. Wir werden Unterschiede in den Betrachtungsweisen feststellen und merken, welche Themen wir vielleicht aus der eigenen Biografie in unsere Kommunikation hineinbringen – meist unbewusst.

Eine Möglichkeit, auf diese Metaebene der Beobachtung und der Kommunikation zu gelangen, sind **systemische Fragen**. Durch sie entstehen neue Perspektiven. Wir können in die Realitäten anderer eintauchen und so versuchen, sie mit ihrem Denken und Handeln besser zu verstehen. Dies ist sowohl im Privat- wie auch im Berufsleben erstrebenswert. Um zwischenmenschlichen Problemen und unternehmerischen Schwierigkeiten entgegenzuwirken, ist es wichtig, nicht mehr nur die eigene Realität isoliert zu betrachten, sondern die gesamte Realität – also die der Mitmenschen eingeschlossen – in einen dynamischen Zusammenhang zu rücken.

Systemisch zu denken, bedeutet also, zu wissen, dass die Wahrnehmungen aller Gesprächspartner stets subjektiv sind und sich diese Subjektivität auch in ihrer Sprache und in ihrem Verhalten widerspiegelt. Um die Sprache und das Verhalten eines Einzelnen zu verstehen, müssen wir uns bewusst darüber sein, dass jeder in stetiger Wechselwirkung mit anderen beteiligten Akteuren steht. Wir befinden uns also einem sehr komplexen System verschiedener Realitäten. Gleichzeitig erklärt dies aber auch, dass es keine monokausalen Erklärungen und damit keine einfachen Lösungen für Konflikte und Schwierigkeiten geben kann. Daher sind alle Beteiligten bei einer entsprechenden Lösungsfindung hinzuzuziehen, doch können wir gemäß der Autopoiese andere nicht so verändern, wie es für uns am besten ist oder wir es gern möchten.

Zur Erinnerung: ein autopoietisches System ist zwar nicht vollkommen unabhängig von seiner Umwelt und muss zum Beispiel in Form von Nahrungsaufnahme mit dieser interagieren. Jedoch ist es so autonom, dass es, in diesem Falle der Mensch, selbst entscheidet, wie es sich verhält oder auch nicht. Demnach sind Veränderungen bei anderen in erster Linie durch „Anregungen" möglich. Diese können zum Beispiel in Form von systemischen Fragen und den damit verbundenen Perspektivwechsel erreicht werden. Letztlich liegt die Entscheidung einer Verhaltensänderung jedoch bei jedem selbst. Die Motivation dazu muss, damit sie langfristig bestehen bleibt, aus dem eigenen Antrieb kommen. Man spricht hier von intrinsischer Motivation. Die systemischen Fragen gilt es daher, aus der Metaperspektive heraus zu stellen. Das bedeutet, mein Verhalten, meine Kommunikation und die meiner Mitmenschen von ebendieser zu beobachten und gemeinsam mit ihnen zu reflektieren.

Die Varianten systemischer Fragen

In diesem Kapitel werden Ihnen nun die systemischen Fragen vorgestellt. Dafür werden sie und ihre jeweiligen Vorteile beschrieben. Dies gibt Ihnen Einblicke, wann Sie welche Fragen am besten einsetzen können. Außerdem werden zu jeder Frage Beispiele aufgeführt. Erinnern Sie sich dabei an die gerade dargelegten theoretischen Hintergründe. Sie können die Fragen und deren Formulierung besser nachvollziehen, wenn Sie die besagten Theorien im Kopf haben. Außerdem können Sie so zu den einzelnen Kategorien direkt eigene Fragen entwerfen, die zu Ihrer Situation am besten passen. Aber keine Sorge, Sie können bei Bedarf ja immer wieder zurück und sich die theoretischen Hintergründe erneut ins Gedächtnis rufen. Beginnen wir nun also mit der ersten systemischen Frage.

ZIRKULÄRE FRAGEN

Das Problem, welches vorhin beschrieben wurde, liegt im Grunde darin, dass wir eine Situation immer aus der gleichen Perspektive und mit unserem eigenen Welt- bzw. Realitätsverständnis betrachten und uns entsprechend immer gleich verhalten. Durch zirkuläre Fragen erweitert sich die Sichtweise des Befragten, indem die vielfach beschriebenen Realitäten Dritter einbezogen werden. Das Verhalten von Menschen wird nämlich nicht von dem bestimmt, was andere wirklich über sie denken, sondern davon, was sie denken, was über sie gedacht wird. Und genau diese Dritte-Person-Perspektive steht bei den zirkulären Fragen im Fokus. Daher sind sie das Herzstück der systemischen Fragen. Sie fragen nach möglichen Einschätzungen von Personen, die im Umfeld des Befragten „zirkulieren". Dies können zum Beispiel der Vorgesetzte, die Kollegen oder unterstellten Mitarbeiter sein, genauso wie Personen aus dem privaten Umfeld, wie etwa der Partner oder Freunde. Das Hineinversetzen in andere Personen ermöglicht es, deren Sichtweise zu beachten und zu reflektieren. Durch dieses „um die Ecke"-Denken zeigen Sie Empathie und Verständnis für die Realitäten anderer Menschen. So können neue Ansätze und Ideen entstehen.

Möglich ist dies sowohl im Gespräch mit nur einem Gesprächspartner als auch unter Anwesenheit von der Person, deren Perspektive eingenommen wird. Diese kann im Anschluss ein direktes Feedback geben. Oft wird dann erst nachvollziehbar, warum einige Situationen und Äußerungen sehr persönlich geprägt sind, den anderen verletzen und somit allgemein wenig zielführend sind. Sich solcher Aspekte bewusst zu sein, gehört zu der Basis einer vertrauensvollen und positiven Arbeitsatmosphäre. Damit Sie sich nun etwas unter den zirkulären Fragen vorstellen können, sind hier einige Beispiele. So können Sie fragen:

- Versetzen Sie sich einmal in Ihren Kollegen X hinein. Wie würde er sich in dieser

Situation verhalten? Wie würde er sich fühlen?

- Versuchen Sie, sich einen Beobachter dieser Situation vorzustellen. Was würde er beobachten und was würde er dazu sagen?

- Wenn ich Ihre Mitarbeiter fragen würde, was sie motivieren könnte, was würden sie antworten?

- Was würde Ihr Geschäftspartner sagen, wenn Sie ihm die Veränderung mit diesen Folgen vorschlagen?

- Wenn Sie Ihre Kollegen fragen, welche Atmosphäre im Team herrscht, wie würden sie diese beschreiben und was würden sie gern ändern wollen?

Wie diese Fragen verdeutlichen, können zirkuläre Fragen als Analyse- sowie Interventionsinstrument eingesetzt werden. Einerseits können Sie Informationen gewinnen, zum Beispiel über die Atmosphäre innerhalb des Teams. Andererseits äußern die Befragten gleichzeitig auch Verbesserungsvorschläge, anhand derer Sie entsprechende Änderungsmaßnahmen einleiten können.

Wenn ein Befragter mal keine Antwort auf eine Frage geben kann, wie zum Beispiel die Person X über eine bestimmte Situation denkt, dann gibt Ihnen auch diese Antwort wichtige Informationen. Sie zeigt Ihnen, dass sich über die Sichtweisen anderer Personen noch keine oder nicht ausreichende Gedanken gemacht wurden. Wenn Sie dies häufiger feststellen, können Sie sich fragen, ob sich Ihr Team auch wirklich als Team fühlt oder jeder nur seiner Wege geht, ohne die anderen großartig zu beachten. Hier können dann gegebenenfalls Maßnahmen zum Teambuilding sinnvoll sein. Darüber hinaus bieten zirkuläre Fragen noch weitere Vorteile. Beispielsweise

- Der Befragte reflektiert sich und seine Beziehungen aus der Metaperspektive heraus.
- Indem er sich in andere hineinversetzt, kann er verschiedene Blickwinkel und Perspektiven anderer Menschen einnehmen.
- Ggf. kommen persönlich empfindliche Themen zum Vorschein, die künftig mit Bedacht behandelt werden sollten.
- Zudem werden festgefahrene Denkmuster aufgebrochen und neue

Betrachtungsweisen eingeführt, wodurch neue Lösungsansätze sichtbar werden und

- die Dynamiken innerhalb einer Gruppe bzw. unter Kollegen können erkannt werden.

Zum Ende der zirkulären Fragen ist noch wichtig zu wissen, dass sowohl das Stellen dieser Fragen wie auch die Beantwortung oft ungewohnt ist. Die Anwendung benötigt auf beiden Seiten Behutsamkeit und Übung. Außerdem sollten nicht ununterbrochen zirkuläre Fragen gestellt werden. Dies wirkt oft künstlich. Lassen Sie sich und Ihren Gesprächspartnern Zeit! Am Ende können so Prozesse, die in einer Gruppe herrschen, erforscht und aufgedeckt werden. Diese neu entstehenden Denkmuster bilden die Basis für Veränderungen.

LÖSUNGS- BZW. RESSOURCENORIENTIERTE FRAGEN

Wenn größere Probleme im Raum stehen, wird sich oft unbewusst ausschließlich auf ebendieses konzentriert. Das Denken ist überwiegend negativ ausgerichtet. Je größer das Problem, desto negativer ist die Einstellung der Beteiligten. Die Probleme zu diagnostizieren, ist natürlich wichtig, um sich überhaupt über deren Existenz bewusst zu sein. Eine reine Defizitorientierung verfestigt das Problem jedoch nur noch mehr. Aus diesem Kreislauf auszubrechen, ist schwierig. Eine Möglichkeit bieten da lösungs- bzw. ressourcenorientierte Fragen, die sich, wie ihr Name schon verrät, auf die Lösungen fokussiert und die Ressourcen betrachtet, die es innerhalb des Teams gibt und die eingesetzt werden können, um das Problem zu überwinden. Diese Fragen beeinflussen die Gespräche auf eine positive Art und Weise. Es wird beispielsweise geschaut, welche Strategien und Möglichkeiten schon eingesetzt wurden und welche bisher unentdeckt geblieben sind und noch ausprobiert werden können. Die insgesamt positivere Gestaltung der Gespräche ermöglicht zudem eine angenehmere Arbeitsatmosphäre, in der es den Beteiligten leichter fällt, Lösungen zu finden. Genau das unterbindet eine auf das Problem fokussierte Sichtweise. Als Beispiel können Sie folgende Fragen stellen:

- Welche Situationen, die ähnlich schwierig waren, haben wir bereits gemeistert?
- Wie wurde ein solches Problem in der Vergangenheit gelöst?

- Welches Vorgehen hat sich hierbei als besonders wirkungsvoll herausgestellt?
- Was brauchen wir, damit ein reibungsloser Ablauf gewährleistet ist?
- Welche Fähigkeiten benötigen wir für die Lösung? Und wer besitzt diese Fähigkeiten?
- Welche weiteren Faktoren gibt es, die für den Erfolg wichtig sind?

Mit diesen Fragen richten Sie den Blick auf das Positive. Allzu negativ eingestellte Gedanken blockieren uns in unserem Handeln. Alles, was wir denken, äußert sich auch in unserem Tun, das wiederum unser Denken beeinflusst. Diese Fragen bewirken genau das Gegenteil. Sie schaffen einen positiven Kontext, in dem das Problem lösungsorientiert angegangen wird.

Weitere Vorteile dieser Fragenart sind:

- Die Erinnerungen, wie ehemalige Schwierigkeiten erfolgreich gelöst wurden.
- Damit wird das Bewusstsein gestärkt, dass Lösungen möglich sind und das Team bereits schwierige Phasen erfolgreich bestritten hat.

- Es wird sich auf die Möglichkeiten und vorhandenen Ressourcen konzentriert.
- Negative Gedanken bleiben im Hintergrund.
- Ebenso wie langwierige Diskussionen rund um das Problem. Dies führt uns letztlich schneller zu einer Lösung.

Die Fragen können ausgefallene Ideen hervorbringen. Jede Fähigkeit ist hier wichtig und wird gebraucht. Dies stärkt gleichzeitig das Teamgefühl. Die positive Atmosphäre, in der jeder benötigt wird, ist das Gegenteil des negativen Gedankenkreislaufs. Es geht hierbei um die Entdeckung von Möglichkeiten, Talenten, Menschen und Situationen, die zur Lösung des Problems beitragen können.

HYPOTHETISCHE FRAGEN

„Was wäre, wenn"? So oder so ähnlich können hypothetische Fragen zusammengefasst werden. Es sind in die Zukunft gerichtete Fragen. Sie bieten die Möglichkeit, neue Perspektiven und Lösungsansätze in Gedanken durchzuspielen. Das Ziel ist dabei nicht das Finden einer direkten Lösung für ein konkretes Problem, vielmehr stehen das Experimentieren und die Evaluierung von Wegen und Wunschvorstellung im Vordergrund. Die Antwort auf eine solche Frage beschreibt theoretisch mögliche Situationen und deren Lösungsansätze bzw. erstrebenswerte Zustände. Der Kreativität sind hierbei keine Grenzen gesetzt. Alle Ideen, die die Befragten hierzu im Kopf haben, sind erlaubt. Wichtig ist es, hier im Vorfeld klarzustellen, dass alles, was die Beteiligten äußern möchten, erwünscht ist. Keine Idee wird verurteilt oder ins Lächerliche gezogen.

Manchmal sind es gerade die außergewöhnlichen Ideen, an die vorher niemand getraut hat zu denken, die, die großes Potenzial beinhalten. Oft wird erst dann ersichtlich, ob dieser Weg überhaupt auch praktisch umsetzbar und sinnvoll ist – ob er also ans Ziel führen kann oder doch eher wieder verworfen wird. Doch auch, wenn letzteres der Fall sein sollte, können andere Lösungen daraus abgeleitet werden. Dies ermöglicht die Reflexion darüber, welche Veränderungen stattdessen möglich sind. Durch dieses hypothetische Denken kommen neue Erkenntnisse auf, die ansonsten gar nicht bedacht worden wären. Außerdem sind kreative Wege auch im allgemeinen Berufsleben von Bedeutung. Für kreatives Denken muss nicht unbedingt erst ein Problem vorliegen. Wenn Sie sich trauen, bekannte Pfade zu verlassen und über den Tellerrand hinausschauen, sehen Sie, welche Potenziale sich auftun. Es gilt, limitierende Gedanken und Faktoren außen vor zu lassen und sich vollkommen auf das hypothetische Gedankenexperiment einzulassen. Beispiele für solche Fragen sind:

- Was würden Sie tun, wenn Zeit keine Rolle spielt?
- Wie sähe Ihr Weg aus, wenn Sie keine Angst vor dem Scheitern hätten?
- Was wäre, wenn Sie ganz allein entscheiden könnten?
- Wie sieht Ihr Traumjob aus und was wäre Ihnen hierbei wichtig?
- Was würde es für Sie bedeuten, wenn Geld kein limitierender Faktor wäre?

Sie merken vielleicht, dass diese Fragen eher ein theoretisches Spiel darstellen und in der Realität so nicht direkt umsetzbar sind, dennoch bieten sie einige Vorteile:

- Sie regen zu kreativem Denken an und fördern diese Fähigkeit.

- Aus den Antworten können die nächsten Schritte abgeleitet werden. Es werden neue Impulse und Sichtweisen hervorgebracht.
- Ideen, die sonst gar nicht zur Sprache gekommen wären, werden aufgenommen.
- Sie zeigen mögliche (Aus-) Wege aus Sackgassen hin zur Lösung des Problems auf und
- sie geben Rückschlüsse über Ängste und Hoffnungen der Befragten.

Zusammenfassend dienen hypothetische Fragen also dazu, Szenarien in Gedanken durchzugehen und zu bewerten, Ideen zu analysieren und zu vergleichen. Anhand dessen kann evaluiert werden, ob und wie diese umgesetzt werden können.

WUNDERFRAGEN

Die Wunderfragen sind eine Spezialform der gerade vorgestellten hypothetischen Fragen. Sie führen ebenfalls neue Lösungsszenarien herbei. Allerdings in extremer Form. Daher sind sie einer eigenen Kategorie zuzuordnen. Außerdem richtet die Frage den Fokus auf die Situation, wenn ein bestimmtes Ziel bereits erreicht worden ist. Sie hilft, über die Gedankengrenzen hinauszugehen und neue Strategien zu visualisieren. In jedem Falle ist es förderlicher, sich auf Wünsche, Ziele und Lösungen zu fokussieren als auf Schwierigkeiten, Probleme und Hindernisse. Daher kann der Einsatz von Wunderfragen vor allem in verfahrenen und scheinbar aussichtslosen Situationen hilfreich sein. Hier sind einige Beispiele:

- Stellen Sie sich vor, das Problem hat sich über Nacht gelöst. Woran würden Sie das am nächsten Tag erkennen?
- Was würde sich dann in Ihrem Leben ändern?
- Wie sieht für Sie eine perfekte Welt aus?
- Was würden Sie fühlen, wenn Ihr Traum plötzlich wahr wird?

Wie Sie merken, geht es bei diesen Fragen darum, sich den bestmöglichen Zustand vorzustellen. So können Sie neben neuen Ideen auch Ihre Motivation wiederfinden und positive Gedanken und Emotionen entwickeln. Weitere Vorteile hierbei sind:

- Der Blick wendet sich vom Problem ab und richtet sich auf Lösungen bzw. Lösungsansätze.
- Diese können der Ausgangspunkt für die „tatsächliche" Lösung sein.
- Außerdem werden die Antworten von nichts limitiert. Dadurch ist ein sehr kreatives Denken mit entsprechend fantasievollen Ergebnissen möglich.

Wunderfragen sind also eher abstrakt, wodurch sie in jedem Fall beherrscht eingesetzt werden sollten. Beherrscht meint hier sowohl den geübten wie auch den sparsamen Einsatz, denn nicht nur die Fragen können überraschen, auch die Antworten können neue und interessante Sichtweisen mitbringen. Gleichzeitig können sie den Befragten emotional aufwühlen. Darauf sollten Sie sich einstellen, daher ist auch das vorherige Ankündigen dieser Fragen wichtig.

BEGRÜNDUNGSFRAGEN

Oft führen wir die Aufgaben, die uns im Beruf übertragen werden, einfach nur aus, ohne deren genaueren Sinn und Zweck zu hinterfragen, und genau das ist das

Ziel der Begründungsfragen. Durch diese Fragen soll Ihr Gegenüber, dem Sie die Frage stellen, sein Handeln reflektieren und gleichzeitig auch begründen. Es können also die Motive und Gedanken, warum eine Aufgabe genauso und nicht anders umgesetzt wurde, erschlossen werden. Außerdem kann man mit den Fragen angebliche Tatsachen überprüfen oder bisher eingeschränkte Perspektiven bzgl. eines Sachverhaltes verdeutlichen. Eine eindimensionale Betrachtungsweise kann somit analysiert und damit abgelegt bzw. erweitert werden. Als Beispielfragen sind unter anderem folgende zu nennen:

- Weshalb wollen Sie das Problem genauso lösen?
- Warum sind Sie von Ihrer Vorgehensweise so überzeugt?
- Können Sie mir Ihr Vorhaben genauer erklären?
- Auf welchen Erfahrungen fußt Ihre Entscheidung?
- Wie treten Sie Einwänden Ihrer Kollegen entgegen?
- Wie sind Sie zu diesem Ergebnis gelangt?

Diese Fragen sollen nicht dazu dienen, den Befragten vorzuführen oder seine Fähigkeiten und bisher erbrachten Leistungen anzuzweifeln – im Gegenteil. Wie auch bei anderen systemischen Fragen geht es hier vor allem darum, sich mit seiner Realität und seiner daraus resultierenden Denk-, Handlungs- und Arbeitsweise auseinanderzusetzen. Im Umkehrschluss bedeutet das, sich in andere Menschen hineinzuversetzen und vor ihnen zu begründen, warum man diesen Weg gewählt hat und so überzeugt von seiner Vorgehensweise ist. Dem Fragenden wird so ein besserer Einblick in die Denkweise des Befragten ermöglicht. Weitere Vorteile sind:

- Die Beteiligten bzw. das Team bekommen ein besseres Verständnis für bestimmte Herangehensweisen.
- Außerdem werden Gründe für diese Herangehensweisen gesucht und dargelegt.
- So können eindimensionalen Ansichten erkannt werden
- und eventuell eingefahrene Muster werden hinterfragt und aufgebrochen.

Letztlich wird der Befragte damit angeregt, gründlich über sein Vorgehen nachzudenken. Und vielleicht ist dieses ja auch gut. Es kann aber bestimmt dennoch optimiert werden, was im Interesse aller Beteiligten sein sollte.

Wählen Sie diese Fragen immer mit Bedacht. Wie wir mittlerweile wissen, können wir nie mit Sicherheit sagen, wie das Gegenüber auf die Frage reagiert und ob er sich eventuell angegriffen fühlt. Daher ist es wichtig, klarzustellen, welches Ziel diese Fragen verfolgen. Zum Beispiel möchten Sie so bestimmte Arbeitsabläufe optimieren. Empathisches Vorgehen ist beim systemischen Fragen und allgemein in der Gesprächsführung also oberstes Gebot. Es soll sich schließlich niemand vor den Kopf gestoßen fühlen.

SKALIERUNGSFRAGEN

Diese Art der Fragen dient einer ersten Einschätzung von Problemen. Sie gewinnen dadurch einen Überblick über die Situation und können deren Komplexität reduzieren. Daher ist der Einsatz dieser Fragen vor allem in den Momenten sinnvoll, in denen ein Problem besonders vielschichtig und mit seinen Facetten kaum zu bewältigen erscheint. Außerdem hinterfragen sie Verallgemeinerungen und zeigen Unterschiede bezüglich einer konkreten Frage auf. Zum Beispiel kann die

Stimmung in einem Team allgemein als schlecht wahrgenommen werden.

Bei Anwendung der Skalierungsfrage erhalten sie jedoch unterschiedliche Antworten. Einige geben die Antworten „1" oder „2" und bewerten die Stimmung damit als sehr schlecht. Viele vergeben aber auch eine „5" oder „6", was einem mittleren Wert entspricht. Dies macht die Unterschiede und damit auch die verschiedenen und vor allem subjektiven Sichtweisen deutlich. Dieses Beispiel zeigt erneut die Analyse- und Interventionsfunktion systemischer Fragen auf. Analysiert werden hier die Informationen, die mit 1 bis 6 einen wesentlichen Unterschied ausmachen. Gleichzeitig löst die Frage auch einen Reflexionsprozess aus. Den Befragten wird klar, dass die Stimmung überwiegend doch in Ordnung ist. Nichtsdestotrotz kann hier an einer Verbesserung gearbeitet werden und vor allem ist den unteren Werten auf den Grund zu gehen.

Als Beispiele von Skalierungsfragen kann also zunächst die klassische Variante aufgeführt werden. Bei dieser wird ein Wert auf einer Skala von 1 bis 10 vergeben. 1 entspricht dabei der schwächsten und 10 der stärksten Ausprägung.

Neben dieser numerischen Skala gibt es die prozentuale. Hier kann die Frage lauten: „Zu wie vielen Prozenten sind Sie mit dem Ergebnis zufrieden?" Oder auch: „Im Vergleich zu bereits gelösten Schwierigkeiten – wo in der Skala ordnen Sie das aktuelle Problem ein?" Eine Erweiterung kann dann die Bildung einer Reihenfolge sein. Zum Beispiel: „Was sind Ihrer Meinung nach die drei wichtigsten Erkenntnisse aus dem Workshop?" Weitere Skalierungsfragen können sein: „Wie ist es Ihnen gelungen, von einer 6 auf eine 8 zu kommen?", oder „Warum ist es Ihrer Ansicht nach passiert, dass die Zufriedenheit von einer 9 auf eine 7 gesunken ist?"

Skalierungsfragen bieten einen leichten Einstieg in ein Thema und dessen weiterer Bearbeitung. Andere Vorteile sind:

- Zum einen die Anregung zur Selbstbeobachtung,
- zum anderen werden positive wie negative Veränderungen schnell erkennbar und
- sie sind in jeder Situation anwendbar und benötigen nicht viel Übung.

In Situationen, in denen Dinge schwer objektivierbar sind, wie etwa Zufriedenheit, Wahrnehmung oder Motivation, können diese durch Skalierungsfragen „messbar" gemacht werden. Außerdem muss der Befragte hier lediglich eine Zahl nennen, ohne diese direkt genauer definieren zu müssen. Insgesamt machen Skalierungsfragen die erfragten Gegenstände greifbarer.

PARADOXE FRAGEN

Bei diesen Fragen geht es darum, die Fragestellung ins Gegenteilige umzukehren. Mitunter sind die Formulierungen sehr spitzfindig. Dies ist gewollt. Daher ist jedoch auch hier eine entsprechende Ankündigung zu Beginn des Gesprächs wichtig. Die Erklärungen sind sinnvoll, um den Gesprächspartner nicht zu verwirren und zu überfordern. Transparenz ermöglicht hier ein größeres Verständnis. Es ist wichtig, dass sich das Gegenüber auf die Situation einlassen kann und sich dadurch sicher fühlt. Nur so ist es möglich, sich in Gedanken auch mit negativen Extremen zu beschäftigen.

Zudem wird auch bei diesen Fragen Kreativität benötigt. In erster Linie geht es nicht darum, ein Problem zu lösen, sondern eher darum, was passieren müsste, damit das Problem noch größer und schwerwiegender wird. Paradox, nicht wahr? Um dies zu veranschaulichen, sind hier nun ein paar Beispielfragen:

- Was bringt Ihrer Meinung nach das Projekt zum Scheitern?
- Was würde Ihnen die Motivation zur Arbeit komplett rauben?
- Wie ließe sich das Problem weiter verschlimmern?
- Was müsste passieren, damit Sie sich mit Ihren Kollegen zerstreiten?
- Wie vertreiben Sie den neuen Kunden vollends?

Wie Sie merken, dramatisieren diese Fragen ein vorhandenes Problem. Dadurch kann es jedoch ins rechte Licht gerückt und zumindest in Teilen entkrampft werden. Zugleich zeigen sie aber auch auf, was in keinem Fall passieren sollte, um die Situation nicht weiter zu verschärfen.

Weitere Vorteile, die diese Fragen bieten, sind:

- Sie können besonders in festgefahrenen Situationen hilfreich sein.

- Während des Gesprächs wird Ihnen eventuell aber auch bewusst, dass das Problem gar nicht so schlimm ist, wie Sie zunächst angenommen haben.
- Eine verblüffende Frage kann eine verblüffend einfache Antworte hervorbringen.

Ohne Zweifel sind diese Fragen durch eine ganz andere Herangehensweise gekennzeichnet als die bisherigen Fragen. Doch in einigen Momenten braucht man genau das – zu sehen, was in jedem Fall nicht funktionieren wird. Das Umdrehen der Situation kann dabei helfen, der Lösung ein Stück näherzukommen. Es kann nie schaden, Probleme von allen Seiten zu betrachten und zu versuchen, sie zu lösen. Doch dieser Fragentyp ist auch schwieriger als die anderen und braucht definitiv Übung.

Grundsätzlich ist es bei systemischen Fragen wichtig, transparent mit ihnen innerhalb der Gespräche umzugehen. Geben Sie Ihrem Gesprächspartner zu verstehen, dass Sie beide an einem Strang ziehen und an einer gemeinsamen Lösung des Problems bzw. der Besserung der Situation interessiert sind. Manchmal sind hierfür eher ungewöhnliche Schritte notwendig, die aber umso wirksamere Lösungen hervorbringen können. Was Sie für den Umgang mit den systemischen Fragen in Ihrem Berufsalltag noch wissen sollten, folgt gleich. Davor werden im Sinne der Vollständigkeit kurz noch einige weitere Fragetypen ergänzt. Auf diese wird jedoch nicht so detailliert eingegangen.

WEITERE FRAGETYPEN

Zwei weitere Fragen, die zum Typ der systemischen Fragen gezählt werden können, sind die Fragen nach Bildern bzw. Metaphern und die nach Ausnahmen.

Fragen nach Bildern und Metaphern sprechen die Fantasie und die Emotionen an. Ein Beispiel dafür ist: „Angenommen, über Sie wird ein Film gedreht – wie lautet der Titel? Wer spielt mit? Wie ist die Rollenverteilung? Was wird gezeigt? Und wie sieht das Ende aus?" Die Beantwortung dieser Fragen ist einerseits anspruchsvoll und bedarf etwas mehr Zeit, andererseits bereiten sie aber auch Freude. Außerdem lassen sie möglicherweise tiefere Sehnsüchte und Wünsche des Antwortenden erkennen. Fantasie ist dabei nicht nur von ihm gefordert. Auch der Kreativität des Fragestellers sind bei der Auswahl und Formulierung der Fragen kaum Grenzen gesetzt. Hieraus können sich

Ideen ergeben, die den befragten Mitarbeiter oder eine ganze Abteilung voranbringen können.

Blicken wir nun auf die Fragen nach den Ausnahmen. Manche Menschen tendieren dazu, Schwierigkeiten als konstante Variable wahrzunehmen und zu beschreiben. Dementsprechend denken und handeln sie bezüglich ihres Problems auch unverändert, meist in negativer Form. Dies hat eine Abwärtsspirale zur Folge. Das Problem wird als unlösbar fixiert – genauso wie das Handeln der Person. Wie jedoch das Sprichwort sagt, bestätigen Ausnahmen die Regel. Und hier setzen die Fragen an. Diese kann beispielsweise lauten: „Gibt es Tage, an denen der Mitarbeiter pünktlich zu Arbeit erscheint?" Die Antwort kann einen Hinweis darauf geben, dass der Grund für das Zuspätkommen in anderen Menschen, Situationen oder sonstigen Umständen zu suchen ist. So kann es beispielsweise sein, dass Mitarbeiter X alleinerziehend in eine neue Stadt gezogen ist und sein Kind morgens zur Kita bringen muss, die erst kurz vor Arbeitsbeginn öffnet. Aufgrund der erst kurz zurückliegenden Einstellung möchte der Mitarbeiter nicht unorganisiert erscheinen und traut sich nicht, die Situation von sich aus anzusprechen. Durch ein Gespräch kann dann gemeinsam nach einer Lösung des Problems gesucht werden. Sie sollten

Verallgemeinerungen wie „immer" oder „nie" also mit Ausnahmen hinterfragen. Zum Beispiel mit:

- „Wirklich immer?" oder
- „Wirklich nie"?
- „Gibt es Ausnahmen?"
- „Wann gibt es diese?" und
- „Was ist der Grund für die Ausnahmen?"

Damit können viele Probleme schnell gelöst werden.

Zum Schluss dieses Kapitels werden nun noch die geschlossenen und offen Fragen erwähnt. Sie gehören nicht direkt zu den systemischen Fragen, sie werden dennoch beschrieben, um das Gebiet zu vervollständigen.

Oft dienen diese Fragen dem reinen Informationsgewinn. Geschlossene Fragen können mit einem „Ja" oder „Nein" beantwortet werden. Zum Beispiel: „Haben Sie den Vertrag mit dem Kunden X ausgehandelt?" In einem Gespräch sollten eher wenig geschlossene Fragen verwendet werden, da sie den Befragten unter Druck setzen. Es kann ein Gefühl des „Ausgefragt-Werdens" entstehen, vor allem dann, wenn viele dieser Fragen hintereinandergestellt werden. So entsteht eine negative Gesprächshaltung. Nutzen Sie sie eher, um gezielte Entscheidungen zu treffen oder wenn Sie sich im Sinne des aktiven Zuhörens bei Ihrem Gegenüber rückversichern möchten, ob Sie ihn richtig verstanden haben.

Wenn es Ihnen in erster Linie um den Informationsgewinn geht, sind an dieser Stelle offene Fragen vorzuziehen. Begonnen werden sie mit den W-Fragewörtern. Also mit wer, was, wo, wie, wann, wozu, weshalb, warum und so weiter. Dies ermöglicht einen aufgeschlosseneren Gesprächsverlauf und regt den Befragten dazu an, mehr Details zu erzählen. Dies bietet Ihnen eine größere Vielfalt an Informationen.

Beachten Sie bei den beiden zuletzt genannten Fragen, dass sie in erster Linie das Ziel verfolgen, Informationen zu erheben. Dies ist in vielerlei Hinsicht natürlich notwendig. Sie sollten dem Befragten dennoch nicht das Gefühl geben, „verhört" zu werden. Üben Sie sich daher in der Anwendung von den vorgestellten systemischen Fragen. Welche Kenntnisse Sie dafür noch benötigen, um sie gekonnt und sicher einzusetzen, erfahren Sie jetzt.

Die Anwendung der Fragen

Das Wissen, dass es diese Fragen gibt, besitzen Sie nun. Auch wurde ausführlich beschrieben, wie Sie sie formulieren können und welche Vorteile sie jeweils mitbringen. Darüber hinaus braucht es ein gewisses Feingefühl, wann welche Fragen sinnvoll sind. Wenn Sie zum Beispiel Ergebnisse in kurzer Zeit benötigen oder sich eine Diskussion lange und ohne Ergebnisse hinzieht, eignen sich lösungsorientierte und Skalierungsfragen. Letztere geben einen Überblick hinsichtlich der Schwere oder Dringlichkeit eines Problems, worauf dann mit weiteren Fragen reagiert werden kann, wie beispielsweise mit lösungsorientierten Fragen. Sie fokussieren sich auf die vorhandenen Ressourcen und Stärken, auf die Sie zurückgreifen können.

Wenn Sie etwas mehr Zeit zur Verfügung haben oder ein neues Projekt planen, sind hypothetische Fragen und Wunderfragen oft erkenntnisreich. Sie leiten hin zu kreativen Ideen und neuen Ansätze, die vorher nicht für realisierbar gehalten worden sind. Auch, weil an sie oft gar nicht gedacht wurde.

Im Falle einer festgefahrenen Situation können Sie Begründungsfragen, paradoxe und zirkuläre Fragen einsetzen. Hierbei wird das eigene Handeln reflektiert und nach Fehlerquellen bzw. Verbesserungsmöglichkeiten gesucht. Paradoxe Fragen mögen vielleicht zunächst verwirrend sein, können jedoch erstaunliche Optionen aufzeigen. Zirkuläre Fragen bieten die Möglichkeit der Perspektivübernahme. Der Blick aus einer anderen Richtung kann hierbei zu neuen Impulsen und Lösungsansätzen führen.

In kurzer Zeit kann mit paradoxen und hypothetischen sowie mit Wunderfragen jedoch oft nur wenig oder auch gar nichts erreicht werden. Es ist also wichtig, zu wissen, wie viel Zeit Ihnen zur Verfügung steht. So können Sie die entsprechenden Fragetechniken auswählen.

Neben der verfügbaren Zeit ist eine gewisse Vertrauensbasis förderlich. Je stärker diese ist, desto intensiver und ernsthafter können sich Ihre Gesprächspartner auf die Situation und die Fragen einlassen. Dies kommt letztlich einem konstruktiven Gesprächsverlauf zugute.

Das Vertrauen gewinnt mit Zunahme der Komplexität der Fragen nochmals an Bedeutung. Eine geschlossene Frage mit einer Ja-oder-Nein-Antwort oder eine Skalierungsfrage verlangen nicht so viel Vertrauen wie beispielsweise eine Wunderfrage, die Emotionen und tieferliegende Wünsche berühren kann. Das Ihnen damit entgegengebrachte Vertrauen sollten Sie mit Wertschätzung anerkennen und diese auch so formulieren. Eine aufgeschlossene, wertfreie und empathische Haltung Ihrerseits ist demnach die Grundlage für solche Gespräche. Insgesamt finden Ihre Mitarbeiter dann leichter den Weg zu Ihnen und haben keine Scheu, Sie auch bei Problemen um Rat zu fragen.

Darüber hinaus ist es nicht in jeder Situation sinnvoll, ein so intensives Gespräch zu führen oder gar zu forcieren, denn auch die Stimmung, die weiteren zu erledigenden Aufgaben des Mitarbeiters bzw. Kollegen spielen hier eine wesentliche Rolle. Da viel Kreativität und Spontaneität im Denken sowie allgemein Offenheit und Vertrauen vom Befragten gefordert werden, ist es verständlich, dass nicht jeder Zeitpunkt der richtige für ein solches Gespräch sein kann. Daher ist auch ein entsprechendes Gefühl bzgl. des passenden Timings erforderlich.

Des Weiteren ist es auch nicht in jedem Falle notwendig, direkt ein Gespräch zu führen. So kann (!) es auch ausreichen, wenn Sie den Kollegen Ihre Fragen (zunächst) schriftlich zukommen lassen. Zum einen kann dies als Gesprächsvorbereitung dienen, zum anderen bietet eine schriftliche Formulierung oft eine intensivere Auseinandersetzung mit der Thematik. Dies ist natürlich immer individuell zu betrachten und soll Ihnen nur als eine weitere Idee vorgestellt werden. Ein schriftliches Festhalten des Gesprächs kann auch zur Nachbearbeitung und damit zur Reflexion genutzt werden. Das Aufschreiben wichtiger Gesprächsinhalte lässt Bilder entstehen, die einerseits den inneren Selbstdialog fördern, der eventuell sogar noch mal neue Ideen entstehen lässt, andererseits werden diese Bilder dann besser im Bewusstsein verankert. Weitere Tipps sind nun in Kurzform dargestellt.

Sprachbegleitende Signale beachten

Achten Sie innerhalb eines Gesprächs auf Signale wie die Lautstärke und die Körpersprache, den Tonfall, den Blickkontakt etc. Diese geben wichtige Hinweise – etwa, ob sich Ihr Gegenüber gerade wohlfühlt oder nicht.

Die Länge der Frage

Je kürzer die Sätze formuliert werden, desto verständlicher sind sie. Dies gilt auch für Fragen. Andererseits lässt eine längere Frage mehr Raum für Erzählungen und Details, die ebenfalls wichtig sein können. Zeitgleich besteht dann die „Gefahr" des Abweichens vom eigentlichen Thema. Hier ist also Ihr Gespür gefragt. Überlegen Sie, welche Intention Sie mit der Frage verfolgen und wählen Sie dann die entsprechende Formulierung.

Vermeiden Sie einen „Fragen-Überfall"

Pausenlos aneinander gereihte Fragen üben Druck aus. Der Befragte hat kaum Zeit zum Nachdenken und

Beantworten der Fragen, so verliert er schnell seine Motivation.

Zeigen Sie Interesse

Ziehen Sie sich nicht hinter den Fragen zurück, sondern äußern Sie Ihr ernst gemeintes Interesse zum Beispiel durch Formulierungen wie „Ich bin neugierig ...“, „Ich würde gern wissen ...“, oder „Mich interessiert ...“. Damit zeigen Sie Ihre aktive Teilnahme am Gespräch und entlasten gleichzeitig Ihr Gegenüber.

Machen Sie Pausen

Zur Entlastung tragen auch Pausen bei, die Sie zwischen den Fragen einbauen sollten. Ansonsten fühlt sich der Befragte bedrängt und es fehlt im wortwörtlich die Luft zum Antworten.

Hören Sie aktiv zu

Zuhören und Fragen gehören zusammen. Doch ist Zuhören nicht gleich Zuhören. Beim passiven Zuhören wird das Gesagte zwar wahrgenommen, Sie geben aber keine Rückmeldung hierzu, sondern womöglich sogar eine wertende Antwort. Dies sollte in jedem Fall vermieden werden und ist durch aktives Zuhören möglich. Beispielsweise beziehen Sie dabei die Antwort des Befragten in Ihre Äußerung ein und versichern sich so, ob Sie ihn richtig verstanden haben. Sie können die gegebene Antwort auch in Ihre nächste Äußerung oder Frage einbauen. So stellen Sie Ihren Gesprächspartner in den Mittelpunkt und zeigen zeitgleich ehrliches Interesse und Entgegenkommen.

Vermeiden Sie Suggestivfragen

Hiermit geben Sie die Richtung vor, in der Sie die Antwort gern hören möchten. Dabei geht es in einem solchen Gespräch jedoch nicht und führt zu einem unangenehmen Gefühl des Befragten. Solche Fragen beinhalten Wörter wie „doch", „etwa", wahrscheinlich" etc. Ein Beispiel: „Sie sind doch auch der Meinung, dass ...". Da auch hier Ausnahmen die Regel bestätigen, können Sie suggestive Fragen bewusst in passenden Momenten einsetzen – und zwar humorvoll und im positiven Sinne.

Zuletzt sei noch einmal auf das Bewusstsein über die theoretischen Hintergründe von Kommunikation und menschlichen Denkens und Handelns verwiesen. Dafür wurden Ihnen zu Beginn die Modelle von

Autopoiese, Konstruktivismus und Kybernetik 2. Ordnung sowie die Axiome von Paul Watzlawick und die vier Seiten der Kommunikation nach Schulz von Thun vorgestellt. Diese theoretische Vorstellung war und ist nicht abschließend, sie gewährt jedoch einen Einblick in diesen Bereich. Außerdem bietet sie eine fundierte Grundlage, um ein Gespräch zielführend gestalten und um auf die Antworten des Gegenübers adäquat reagieren zu können.

Die folgenden Praxisbeispiele zeigen Ihnen, wie Sie mit eventuell aufkommenden problematischen Situationen umgehen können.

Beispiele aus der Praxis für die Praxis

Dieses Kapitel skizziert vier Gespräche, in denen systemische Fragen zum Einsatz kommen. Auf die kurze Beschreibung der jeweiligen Situation folgt der Gesprächsausschnitt. Im Anschluss daran steht Ihnen eine Checkliste zur Verfügung, die Sie zur Vorbereitung auf ähnliche Gespräche nutzen können.

DAS VORSTELLUNGSGESPRÄCH

Wenn Sie auf der Suche nach einem neuen Mitarbeiter sind, geht es Ihnen üblicherweise darum, möglichst viele Informationen über den Bewerber und seine Fähigkeiten in Erfahrung zu bringen.

In diesem Beispiel möchten Sie im Laufe des Gesprächs wissen, wie der Bewerber Herr V. seine Fähigkeiten einschätzt und ob er Aufstiegsambitionen mitbringt. Daher fragen Sie: „Stellen Sie sich vor, dieses Unternehmen ist eine Fußballmannschaft. Welche Position würde Ihren Fähigkeiten am ehesten entsprechen und wo sehen Sie sich diesbezüglich in 5 Jahren?" Herr V. antwortet: „Nun, wenn ich die Zusage für diese Stelle bekomme, sehe ich mich zunächst in der Position eines zentralen Spielers, im Mittelfeld oder als Stürmer. Einerseits möchte ich einen guten Überblick über das Team haben und behalte auch gern die Organisation und Zusammenarbeit des Teams im Auge, andererseits möchte ich gute Ergebnisse, hier in Form von Toren, liefern. In 5 Jahren möchte ich dann mindestens Mannschaftskapitän sein. Ich möchte immer noch nah am Team dran sein und aktiv zum Erfolg beitragen. Ich kann mir auch durchaus vorstellen, Trainer der

Mannschaft zu werden und noch mehr Verantwortung zu übernehmen. Der Kontakt zum Management und die daraus resultierende Verbindung von Theorie und Praxis machen mir Spaß."

Durch die von Ihnen gestellte **metaphorische Frage** kann Herr V. seine Fähigkeiten und den Wunsch bzgl. seiner Entwicklung in kreativer Form schildern. Sie erhalten dadurch einen vielfältigen Einblick in seine Gedanken.

Um mehr über die Bedürfnisse und Wünsche von Herrn V. bezüglich seines eventuell künftigen Arbeitsplatzes zu erfahren, stellen Sie abschließend folgende Frage: „Mal angenommen, Sie könnten sich Ihren perfekten Arbeitstag kreieren – wie würde dieser aussehen?" Seine Antwort darauf lautet: „An einem perfekten Arbeitstag komme ich ins Büro und treffe gut gelaunte Kollegen. An meinem Schreibtisch warten dann verschiedene Aufgaben auf mich – ich bereite das Angebot für einen neuen Kunden vor, führe im Anschluss ein Online-Meeting mit ihm durch und es kommt zum Vertragsabschluss. Danach treffe ich mich mit meinem Team und wir tauschen uns über die wichtigsten Dinge aus, berichten von Neuigkeiten und Erfolgen und arbeiten an einem neuen Projekt, in das jeder seine

Stärken einbringen kann. Wenn es dann noch ein tolles Mittagessen gäbe, wäre das super!"

Was leiten Sie aus dieser Erzählung ab? Herr V. ist ein gutes Arbeitsklima, vielfältige Aufgaben, selbstständiges und eigenverantwortliches Arbeiten, Erfolg sowie ein ansprechendes Essensangebot wichtig. Dies sagt zum einen etwas über seine Arbeitsmoral und zum anderen etwas über seine Wünsche aus. Die Antworten auf diese **Wunderfrage** bieten dem Arbeitgeber also viele mögliche Anknüpfungspunkte.

Hier wurden nun zwei der systemischen Fragen vorgestellt und wie Sie diese in ein Vorstellungsgespräch integrieren können. Ihrer Kreativität können Sie dabei freien Lauf lassen. Einige Dinge sollten Sie dennoch beachten. Diese sind der folgenden Checkliste zu entnehmen:

- Für welche Position bewirbt sich der Kandidat?
- Welche Aufgaben sind hier zu erfüllen?
- Besteht viel Kundenkontakt?
- Weist der Bewerber Berufserfahrung vor?

- Welche Fähigkeiten und Eigenschaften bringt er mit, die für die Stelle relevant sind?
- Wie reagiert er in stressigen oder kniffligen Situationen?
- Welche Informationen benötigen Sie noch von dem Bewerber?

Diese Aufzählung lässt sich je nach Position noch erweitern, stellt jedoch schon mal grundlegende Fragen zur Verfügung, die Sie innerhalb des Gesprächs einbringen können.

WACHSENDE KONKURRENZ

Ein Bekleidungsunternehmen fängt an, sich Sorgen zu machen, da ähnliche Unternehmen immer größer werden und damit eine ernsthafte Konkurrenz darstellen. Ein Gespräch zwischen der Geschäftsführerin Frau M. und dem Gesamtabteilungsleiter Herrn F. soll der ersten Ideenfindung dienen.

Frau M. fragt: „Wie schätzen Sie auf einer Skala von 1 bis 10 das Wachstum von uns und der Konkurrenz innerhalb der letzten 5 Jahre ein? Die 1 bedeutet gar kein Wachstum, 10 ist ein Wachstum, was durch die Decke schießt."

Herr F. überlegt: „Unser Wachstum würde ich mit einer 5 beschreiben. Es liegt innerhalb der Erwartungen, aber eben auch nicht mehr. Die Konkurrenz liegt da schon eher bei einer 8. Die sind in einigen Bereichen wirklich sehr erfolgreich."

„Sie sagten durchschnittlich bei 5", resümiert Frau M. „Gibt es da also Ausnahmen, die, ich sage mal, nach oben und nach unten gehen?"

„Hm, ja schon", sagt Herr F. „Der Bereich unseres Onlineversands ist am stärksten gestiegen. Die Vor-Ort-Geschäfte ziehen uns dagegen stark nach unten. Ich würde daher den Ausbau des Onlineversands für die nächste Zeit zum Hauptprojekt machen und schauen, ob wir die anderen eher zurückfahren können."

„Weshalb wollen Sie das Problem so lösen?", fragt Frau M.

Herr F. antwortet: „Zum einen, weil es noch nicht sicher abzusehen ist, ob und wann die Kunden wieder mehr in die Geschäfte kommen, und zum anderen, weil unsere Konkurrenz ausschließlich im Onlinebereich tätig ist und so ihre Kleidung zu attraktiveren Preisen anbieten kann. Auch für die Zukunft ist dies meiner Meinung nach der sicherere Weg."

Dieses Gespräch zeigt erste Ideen und Möglichkeiten auf, die das Unternehmen nun weiter prüfen und gegebenenfalls umsetzen kann. Die Geschäftsführerin Frau M. hat dabei drei systemische Fragen eingebaut. Die erste Frage war eine **Skalierungsfrage**. Sie diente hier der Selbst- wie auch der Fremdbeobachtung. Dadurch sind Unterschiede zwischen dem eigenen Unternehmen und der Konkurrenz direkt erkennbar. Mit der zweiten Frage geht sie auf die Antwort von Herrn F. ein, indem sie nach **Ausnahmen** fragt. Diese zeigen auf, welche Bereiche eine positive und welche eine negative Bilanz aufweisen. Daraus können entsprechende Änderungen abgeleitet werden. Mit der dritten Frage, einer **Begründungsfrage**, möchte sie schließlich den Sinn und Zweck seines Vorschlages erfahren. Er legt die Motive für seine Entscheidung entsprechend dar.

In solchen Situationen ist es wichtig, auf das vorherrschende Problem einzugehen. Daher sollten Sie Folgendes in derartigen Gesprächen beachten:

- Was ist das aktuelle Problem?

- Welche Facetten bzw. Bereiche umfasst es?

- Wer sind hier die besten Ansprechpartner?

- Ergibt es Sinn, direkt mit dem gesamten Team oder nacheinander mit einzelnen Personen zu sprechen?

- Inwieweit betrifft das Problem die Stimmung im Team?

- Können wir das Problem intern lösen oder benötigen wir externe Unterstützung?

BEI PROBLEMEN MIT KUNDEN

Die Firma K. ist ein Großkunde des Unternehmens S. In letzter Zeit kam es seitens des Unternehmens S. zu verspäteten Lieferungen an die Firma K. Diese hat daraufhin nun angekündigt, sich nach einem anderen Lieferanten umzusehen, wenn die Lieferungen auch weiter nicht zum vereinbarten Zeitpunkt ankommen. Herr P., der Geschäftsführer des Unternehmens S., trifft sich daraufhin mit dafür verantwortlichen Mitarbeiter, Herrn D.

Herr P. fragt ihn im Verlauf des Gesprächs: „Was würden Sie tun, wenn Geld keine Rolle spielen würde?" Herr D. antwortet darauf: „Wenn wir finanziell einen unbegrenzten Spielraum hätten, würde ich mehr Mitarbeiter einstellen. Der Auftrag der Firma K. wurde in den letzten Monaten vergrößert. Der uns zur Verfügung stehende Zeitraum ist dabei nur minimal erweitert worden. Wir konnten so ein sehr attraktives Angebot einholen und dachten, es zu schaffen. Aber wenn es so weitergeht, müssen wir noch einmal in die Verhandlungen gehen, was die Firma sehr wahrscheinlich nicht gern sehen wird. Aber wie gesagt, mit mehr Mitarbeitern würde es gehen." Herr P. fasst zusammen: „Okay, das heißt, wir brauchen entweder mehr Zeit oder mehr Mitarbeiter. Ich erinnere mich, dass Sie ein ähnliches Problem vor einigen Jahren auch lösen konnten. Wie sind Sie dieses angegangen?" Herr D. antwortet: „Ah ja, da haben Sie recht. Ich denke, dass die Firma K. uns keinen größeren Zeitraum gewähren wird. Vor allem nicht jetzt, wo sie ohnehin schon länger auf die Ware warten muss. Und Sie sagten es – in der Vergangenheit hatten wir bereits solche Probleme. Ich würde also mehr Mitarbeiter einstellen – wie damals auch. Allerdings wurden diese nicht langfristig eingestellt. Vielleicht sollten wir daher über eine grundsätzliche Vergrößerung nachdenken. Wir verfügen über die notwendige Fläche und das Know-how, um mehr Großkunden aufzunehmen. Was uns fehlt, ist die Arbeitskraft in Form von ausreichend Mitarbeitern."

Die hier zuerst gestellte **hypothetische Frage** gibt den Anstoß, Ideen zu sammeln, ohne dass limitierende Faktoren wie Geld die Gedanken begrenzen. Um diese weiter zu spezifizieren und in der realen Welt umsetzen zu können, stellt Herr P. anschließend eine **lösungsorientierte Frage**. Sie ermöglicht es Herrn D. zum einen, sich an ein bereits erfolgreich bewältigtes Problem zu erinnern. Zum anderen richtet die Frage seinen Blick auf mögliche Lösungen und zeigt erste Wege auf, die er für das Unternehmen als sinnvoll erachtet.

Probleme mit Kunden können immer wieder auftreten. Um diese möglichst effizient und vor allem nachhaltig zu lösen, sollten Sie folgende Dinge dabei bzw. in Gesprächen mit Kollegen beachten:

- Gab es ähnliche Probleme in der Vergangenheit?
- Wie war das damalige Vorgehen?

- Was können Sie daraus für die jetzige Situation mitnehmen?
- Welche Ressourcen können Sie innerhalb des Unternehmens aktivieren?
- Welche Bereiche bzw. Personen sind in die Gespräche einzubeziehen?
- Worauf ist das Problem zurückzuführen und wie kann dieses in Zukunft verhindert werden?

BEI UNZUFRIEDENHEIT IM TEAM

Die Abteilungsleiterin Frau C. bekommt in letzter Zeit gehäufte Rückmeldungen über die schlechte Stimmung im Team. Dem möchte sie auf den Grund gehen und lädt daher die Mitarbeiter zu Einzelgesprächen ein. Sie möchte sich einen Überblick über die verschiedenen Meinungen verschaffen. Innerhalb des Gesprächs mit Mitarbeiter Herr E. stellt sie die Frage: „Versuchen Sie, sich mal einen Beobachter vorzustellen, der das Geschehen im Büro über den Tag hinweg verfolgt. Was würde er sehen und was würde er dazu sagen?"

Herr E. antwortet: „Er würde sehen, dass jeder nur an seinem Platz sitzt und stumm vor sich hinarbeitet.

Es gibt so gut wie keine Gespräche untereinander. Es gibt auch keinen Grund dafür, da jeder seine eigenen Aufgaben erledigt und es nichts gibt, an dem man zusammenarbeiten könnte. Ich habe nicht das Gefühl, dass wir ein Team sind. Er würde auch sehen, dass wir kaum lachen oder mal über private Dinge sprechen. Dazu haben wir keine Zeit, da es so viel zu tun gibt. Ich finde, die Stimmung hat fast den Tiefpunkt erreicht."

Frau C. gibt ihm die Rückmeldung: „Vielen Dank für Ihre Offenheit! Da sind auf jeden Fall viele Dinge bei, an denen ich ansetzen kann, um die Stimmung im Team zu verbessern. Was müsste denn passieren, damit die Stimmung den Nullpunkt erreicht?" Herr E. sagt: „Oh, ja, ich denke, es müsste so weiterlaufen wie bisher, dass einfach nichts innerhalb des Teams passiert, was es zu einem Team machen würde, wie zum Beispiel an Aufgaben oder Projekte gemeinsam zu arbeiten oder dass wir auch mal Aktivitäten außerhalb der Arbeit machen."

Diese Antwort auf die **paradoxe Frage** der Abteilungsleiterin regt die Kreativität des Mitarbeiters an, außerdem äußert er im selben Zug seine Wünsche, die die Abteilungsleiterin gleichzeitig als Verbesserungsvorschläge werten kann. Mit der zu Beginn gestellten **zirkulären Frage** wird Herr E. in die Metaperspektive des Beobachtens versetzt. Er beschreibt, wie er den Tag im Büro und die Dynamik innerhalb des Teams wahrnimmt. Dies zeichnet für Frau C. viele Ideen auf, wie die Stimmung positiv beeinflussbar ist. Zum Beispiel kann sie Projekte initiieren, an denen ihre Mitarbeiter gemeinsam arbeiten können, oder sie bietet Team-Tage an, deren Gestaltung sie ihnen überlässt. Die gemeinsame Planung und das Verbringen von Zeit außerhalb der Arbeit können dazu beitragen, dass die Mitarbeiter als Team zusammenwachsen und mit mehr Freude zur Arbeit kommen.

Bei Konflikten oder einer allgemeinen Unzufriedenheit im Team sollten Sie innerhalb der Gespräche folgende Dinge beachten:

- Was ist es für ein Konflikt?
- Zwischen welchen Personen besteht er?
- Sind Einzelgespräche, ein Gruppengespräch oder die Kombination von beidem sinnvoll?
- Besteht zwischen den Gesprächspartnern und Ihnen ein entsprechendes Verhältnis, sodass sie sich Ihnen anvertrauen?

- Wie wurden ähnliche Konflikte in der Vergangenheit gelöst?

ALLGEMEINE TIPPS ZUR VORBEREITUNG AUF EIN GESPRÄCH

Ihnen ist nun bekannt, welche Fragen es gibt, welche Vorteile sie jeweils bieten und wie diese in der Praxis aussehen können. Die vorherigen Beispiele haben dabei immer nur einen möglichen Ausschnitt eines Gesprächs gezeigt. Die selbstständige Umsetzung kann jedoch gerade zu Beginn herausfordernd sein. Daher bieten Ihnen die folgenden Tipps eine Orientierung, denen Sie folgen können, um ein Gespräch vorzubereiten und zu führen.

Der erste Schritt ist die genaue Definition des Problems. Sie zeigt auf, warum ein Gespräch wichtig ist. Es geht anfangs also darum, das Problem einzugrenzen. Dafür können Sie überlegen:

- Worin besteht das Problem?
- Welche Auswirkungen hat es?

- In welcher Hinsicht sind diese problematisch?
- Wer ist in die Probleme involviert und sollte daher auch in die Gespräche einbezogen werden?
- Gibt es Faktoren, die der Problemlösung bereit jetzt offensichtlich im Weg stehen?
- Wenn ja, wieso und wie kann diesen begegnet werden?

Anschließend ist es wichtig, einen Überblick über die Gesamtsituation zu erlangen. Das Problem sollte also kontextuell eingenordet werden. Das heißt:

- Seit wann tritt das Problem auf?
- Tritt es in einem bestimmten Zusammenhang auf?
- Gibt es Momente, in denen es nicht auftritt?
- Bleibt das Problem gleich oder verändert es sich?
- Wenn es sich verändert: unter welchen Bedingungen?

Danach helfen Ihnen die bereits beschriebenen W-Fragen, um das Problem immer enger fassen zu können. Nur, wenn das Problem klar umschrieben ist, ist ein Gespräch mit den Beteiligten sinnvoll. Ansonsten wird dieses sehr wahrscheinlich ausufern und zu keinem konstruktiven Ergebnis führen.

Erst nach dem Absolvieren dieser Schritte werden die systemischen Fragen eingesetzt. Für das Gespräch kann das Notieren einiger Stichpunkte hilfreich sein. Zum Beispiel schreiben Sie Punkte auf, die unbedingt besprochen werden müssen. Sie können sich auch Fragen notieren, die Sie in jedem Fall stellen möchten. Hier können Sie überlegen, welche Art der Fragen Sie nutzen, um möglichst viel erreichen zu können. Die Vorteile der verschiedenen Fragen kennen Sie ja bereits.

Systemische Fragen sind dabei kein Allheilmittel. Vielmehr sind sie eine Möglichkeit, andere, interessante und vor allem auch mal ungewöhnliche Ideen zuzulassen. Oft ergeben sich heraus Vorschläge, die im weiteren Verlauf dann näher betrachtet werden können.

Neben den Aspekten, die Sie umsetzen sollten, gibt es auch einige, die es zu vermeiden gilt. Zum Beispiel:

- Zu viele Fragen auf einmal zu stellen und das Gegenüber damit zu überfordern,

- einen drohenden oder sarkastischen Unterton zu haben, der die Antwort bereits in eine Richtung lenkt,

- dem Gegenüber keine Zeit zum Antworten zu geben,

- Suggestivfragen zu stellen oder auch

- keine Empathie sowie kein ehrliches Interesse an den Antworten zu zeigen.

Ein Schlusswort

Anhand der Beispiele wird deutlich, dass systemische Fragen sehr effektiv sein können. Sie bieten viele Möglichkeiten, eine andere Perspektive einzunehmen und Probleme aus dieser zu betrachten. Damit sie ihre Wirkung entfalten können, sollten alle Gesprächsteilnehmer eine gewisse **Bereitschaft** mitbringen, sich aus bisherigen und eventuell festgefahrenen Denk- und Handlungsmustern zu lösen. So ergeben sich kreative und teilweise überraschende Wege. Wichtig dafür ist genügend **Zeit** wie auch der Freiraum und die Sicherheit, sich mit seinen Ideen und Wünschen ohne Bedenken an Sie wenden zu können. Dies erfordert als Grundlage eine entsprechende **Vertrauensbasis**.

Gewiss benötigt die Anwendung der Fragen Übung sowie auch das Wissen, wann welche Art am besten eingesetzt wird. Die eben gezeigten Beispiele wie auch die einzeln vorgestellten Fragen geben hierüber Auskunft. Zur Übersicht sind hier die wichtigsten Tipps zusammengefasst, die Sie allgemein in Ihrer Gesprächsführung beachten sollten.

- Seien Sie sich dem theoretischen Hintergrund menschlichen Denkens und Handelns sowie den Grundlagen der Kommunikation bewusst (Kapitel 2.1 und 2.2).
- Legen Sie Feingefühl bzgl. der Fragenauswahl und des Timings für ein Gespräch an den Tag. Dies erfordert Übung und Geduld.
- Geben Sie daher sich und Ihrem Gesprächspartner Zeit.
- Ein nachhaltig wirkender Einsatz systemischer Fragen bedarf darüber hinaus Einfühlungsvermögens und aktiven Zuhörens.

- Dies geht einher mit der Beachtung nonverbaler Signale.
- Es kann sinnvoll sein, systemische Fragen anzukündigen, zum Beispiel bei paradoxen Fragen.
- Nutzen Sie zur reinen Informationsgewinnung mehr offene als geschlossene Fragen.
- Beachten Sie die Wirkung der schriftlichen Beantwortung von Fragen. Nutzen Sie diese zur Vor- und/ oder Nachbereitung.

Abschließend bleibt noch zu sagen: Fragen Sie insgesamt mehr und halten Sie so die Kommunikation innerhalb Ihres Teams aufrecht. Schwierigkeiten können Sie dadurch frühzeitig erkennen. Oft entwickeln sich daraus dann erst gar keine ernsthaften Probleme. Und wenn doch: Nutzen Sie die Fragen zum Brainstorming, um gemeinsam erfolgreich zu sein.

Herstellung und Verlag:
BoD – Books on Demand, Norderstedt
ISBN: 9783754353660

1. Auflage
Kontakt: Psiana eCom UG/ Berumer Str. 44/ 26844 Jemgum
Covergestaltung: Fenna Larsson
Coverfoto: depositphotos.com